APR 2007

# Savais-tu?

## Les Méduses

PETAWAWA
DISCARDED
PUBLIC LIBRARY

D1272780

# Savais-tu?

## Les Méduses

Alain M. Bergeron
Michel Quintin
Sampar

Illustrations de Sampar

ÉDITIONS
MICHEL
QUINTIN

**Données de catalogage avant publication (Canada)**

Bergeron, Alain M., 1957-

Les méduses

(Savais-tu? ; 23)
Pour enfants de 7 ans et plus.

ISBN 2-89435-273-5

1. Méduses - Ouvrages pour la jeunesse. 2. Méduses -
Ouvrages illustrés - Ouvrages pour la jeunesse. I. Quintin,
Michel . II. Sampar. III. Titre. IV. Collection : Bergeron,
Alain M., 1957- . Savais-tu? ; 23.

QL377.S4B47 2005      j593.5'3      C2004-942131-X

*Révision linguistique :* Rachel Fontaine

Le Conseil des Arts du Canada
The Canada Council for the Arts

SODEC
Québec

Patrimoine
canadien

Canadian
Heritage

La publication de cet ouvrage a été réalisée grâce au
soutien financier du Conseil des Arts du Canada et de la
SODEC. De plus, les Éditions Michel Quintin bénéficient de
l'aide financière du gouvernement du Canada par l'entremise
du Programme d'aide au développement de l'industrie de
l'édition (PADIÉ) pour leurs activités d'édition.

Gouvernement du Québec – Programme de crédit d'impôt
pour l'édition de livres – Gestion SODEC

Tous droits de traduction et d'adaptation réservés
pour tous les pays. Toute reproduction d'un extrait
quelconque de ce livre, par procédé mécanique ou
électronique, y compris la microreproduction, est
strictement interdite sans l'autorisation écrite de l'éditeur.

ISBN 2-89435-273-5
Dépôt légal - Bibliothèque nationale du Québec, 2005
Dépôt légal - Bibliothèque nationale du Canada, 2005

© Copyright 2005

Éditions Michel Quintin
C.P. 340, Waterloo (Québec)
Canada J0E 2N0
Tél.:   (450) 539-3774
Téléc.: (450) 539-4905
www.editionsmichelquintin.ca

1 2 3 4 5 6 7 8 9 0 M L 9 8 7 6 5

Imprimé au Canada

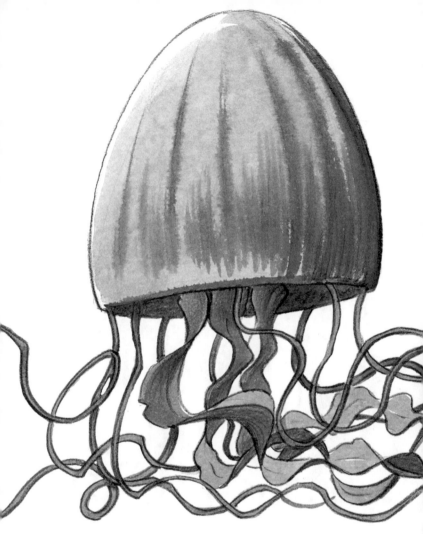

Savais-tu qu'il existe environ quatre mille espèces de méduses? Présentes dans toutes les mers du globe, on en retrouve aussi en eau douce.

Savais-tu que la méduse ne possède ni squelette, ni carapace, ni coquille de protection?

Savais-tu que son corps est une masse gélatineuse, d'où son nom anglais de *Jellyfish*? Aussi, chez plusieurs espèces cette masse est transparente.

Savais-tu que son corps, qu'on appelle ombrelle, est constitué d'environ 98 % d'eau?

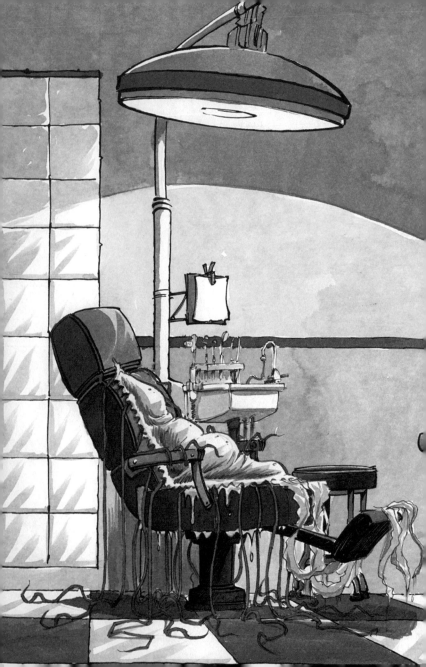

Savais-tu que c'est sous son corps, en forme de disque ou de cloche, que se trouve sa bouche? Chez certaines espèces, les lèvres se sont transformées en solides bras oraux.

Savais-tu que son ombrelle est bordée de nombreux tentacules? Ces filaments flottent librement dans l'eau.

Savais-tu que les bras oraux et les tentacules de la méduse renferment une multitude de cellules urticantes? Chacune de ces cellules possède un aiguillon.

Savais-tu que, dès le moment où les cellules urticantes sont stimulées, leur micro-harpon injecte un venin à la victime?

Savais-tu que les méduses sont exclusivement carnivores? Elles se nourrissent de proies vivantes qui passent à leur portée et consomment, chaque jour, plusieurs fois leur propre poids en nourriture.

23

Savais-tu que pour chasser, elles étendent tous leurs tentacules? Prise au piège, la victime reçoit un venin qui la paralyse avant d'être ingurgitée.

Savais-tu qu'en plus de se nourrir de plancton, de petits crustacés, de larves et de poissons, plusieurs méduses n'hésitent pas à manger leurs semblables ou encore leurs propres larves?

Savais-tu que leur digestion se fait très rapidement? Elles peuvent commencer à digérer la tête d'un poisson alors que la queue frétille encore hors de leur bouche.

Savais-tu que la nuit, telles des mongolfières sous-marines, plusieurs espèces remontent à la surface de l'eau à la recherche de nourriture? Le jour, elles redescendent en eaux plus profondes.

Savais-tu que certaines méduses vivent à plus de
trois kilomètres de profondeur?

Savais-tu que la méduse est dépourvue d'anus? C'est par la bouche et sous forme de pelotes de réjection qu'elle élimine ses déchets.

Savais-tu que certains petits poissons, insensibles au venin des méduses, vivent toute leur vie en symbiose avec elles? Ils se nourrissent de ce qu'elles rejettent.

TRÈS DRÔLE! AIDE-MOI PLUTÔT À ME DÉBARRASSER DE CE TRUC...

Savais-tu que la méduse à crinière de lion peut mesurer plus de trois mètres de diamètre? C'est la plus grande espèce connue.

Savais-tu que cette méduse possède plus de cent cinquante
tentacules? Chacun peut mesurer cinquante mètres de long.

Savais-tu que les méduses n'ont pas d'organes propres à la respiration? Elles absorbent l'oxygène par la peau et par la bouche.

Savais-tu qu'elles sont mauvaises nageuses et que c'est surtout au gré des courants marins qu'elles se déplacent?

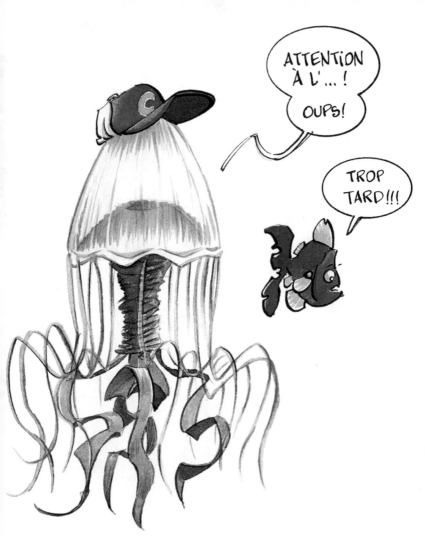

Savais-tu que les méduses peuvent se déplacer en contractant leur corps? Elles se propulsent en projetant un jet d'eau et reprennent leur forme d'ombrelle étalée pour freiner.

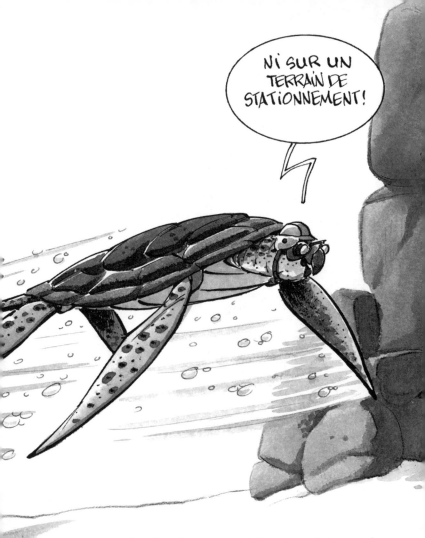

Savais-tu que des chercheurs ont déjà observé des méduses qui se déplaçaient à une vitesse de cinquante-cinq mètres à l'heure?

Savais-tu que les piqûres des méduses provoquent des irritations douloureuses, mais passagères, chez plusieurs millions de personnes dans le monde, et ce, chaque année?

Savais-tu que, même si la méduse est échouée ou morte,
elle reste venimeuse pendant plusieurs semaines?

Savais-tu que, même si la plupart des piqûres de méduse sont bénignes, les piqûres de certaines espèces peuvent tuer un humain en quelques minutes?

Savais-tu que certaines espèces de méduses comptent parmi les animaux marins les plus venimeux? C'est d'ailleurs le cas pour la terrifiante *Chironex fleckeri* qu'on retrouve dans les océans Indien et Pacifique.

Savais-tu qu'au Japon, des scientifiques ont injecté à des souris une protéine qui les a rendues phosphorescentes? Le gène qui produit cette protéine provient d'une méduse et a précisément pour but de la faire briller dans le noir.

Savais-tu qu'il y avait des méduses à bord du vol spatial de la navette *Columbia* lancée en juin 1991? Parce que leurs organes des sens leur permettent de détecter la gravité, elles

ont fourni de précieuses indications sur les problèmes d'équilibre en apesanteur.

Savais-tu qu'en Chine, les méduses sont recherchées en cuisine pour la délicatesse de leur parfum?